어스본 세계 명작

그리스 신화
-이아손과 아르고호

그리스 신화 원작
앤디 프렌티스 글, 나탈리 돔보이스 그림
정회성 옮김

• Contents •

그리스 신화
-이아손과 아르고호
5

원작 그리스 신화와
작품에 대하여
50

그리스 테살리아의 왕 아이손에게는 아들이 있었어요. 아들의 이름은 '이아손'이었지요.

이아손이 어렸을 때, 삼촌 펠리아스가 아이손 왕을 죽이고 왕의 자리를 차지했어요. 그래서 이아손은 테살리아에서 먼 곳에서 숨어 살았어요. 상반신은 인간이고 하반신은 말인 괴물 '켄타우로스' 종족의 왕 케이론의 보살핌을 받으며 자랐지요.

이아손은 헤라의 말을 따라 신발을 한쪽만 신은 채 테살리아 왕국에 도착했어요.

이아손은 궁궐 안으로 성큼성큼 걸어 들어왔어요. 누구도 강하고 용감해 보이는 이아손을 막을 용기를 내지 못했지요.

펠리아스는 신의 예언*이 떠올라 두려움에 떨면서 물었어요.

"너는 누구냐?"

*앞으로 다가올 일을 미리 알려주는 것.

그리스 테살리아의 왕 아이손에게는 아들이 있었어요. 아들의 이름은 '이아손'이었지요.

이아손이 어렸을 때, 삼촌 펠리아스가 아이손 왕을 죽이고 왕의 자리를 차지했어요. 그래서 이아손은 테살리아에서 먼 곳에서 숨어 살았어요. 상반신은 인간이고 하반신은 말인 괴물 '켄타우로스' 종족의 왕 케이론의 보살핌을 받으며 자랐지요.

펠리아스는 이아손이 언젠가 다시 나타나 자신의 자리를 빼앗을 것 같아 항상 불안했어요. 그래서 펠리아스는 신에게 앞으로 일어날 일을 알려 달라고 간청했지요.

그러자 신이 펠리아스를 향해 말했어요.

"너는 언젠가 신발을 한쪽만 신고 나타나는 자에게 왕의 자리를 빼앗기게 될 것이다."

펠리아스는 더욱 불안해졌어요.

한편, 이아손은 훌륭한 스승 케이론에게 신과 전쟁 기술, 자연과 예술에 대해 열심히 배웠어요. 그리고 열여덟 살이 되자, 빼앗긴 왕의 자리를 되찾기 위해 테살리아로 돌아가기로 했어요.

이아손은 스승 케이론과 작별 인사를 나누고 숲을 따라 내려갔어요. 강을 건너려던 찰나, 한 할머니가 걱정스러운 표정으로 강가에 서 있는 것을 보았어요.
"할머니, 제가 도와 드릴게요. 자, 업히세요."
　이아손은 할머니를 업고 강을 건너기 시작했어요. 그런데 강을 건너면 건널수록 할머니가 점점 무거워졌어요. 휘청이던 이아손은 결국 신발 한 짝을 잃어버렸지요. 힘겹게 강을 건너자마자 할머니는 흔적도 없이 사라지고 어딘가에서 목소리가 들려 왔어요.
"이아손아, 놀랄 것 없다. 나는 가정과 결혼의 신 헤라다. 너는 불쌍한 사람을 도울 줄 알기에 왕이 될 자격이 있다. 내가 앞으로 너를 도와주마. 지금 모습 그대로 펠리아스를 찾아가라."

이아손은 헤라의 말을 따라 신발을 한쪽만 신은 채 테살리아 왕국에 도착했어요.

이아손은 궁궐 안으로 성큼성큼 걸어 들어왔어요. 누구도 강하고 용감해 보이는 이아손을 막을 용기를 내지 못했지요.

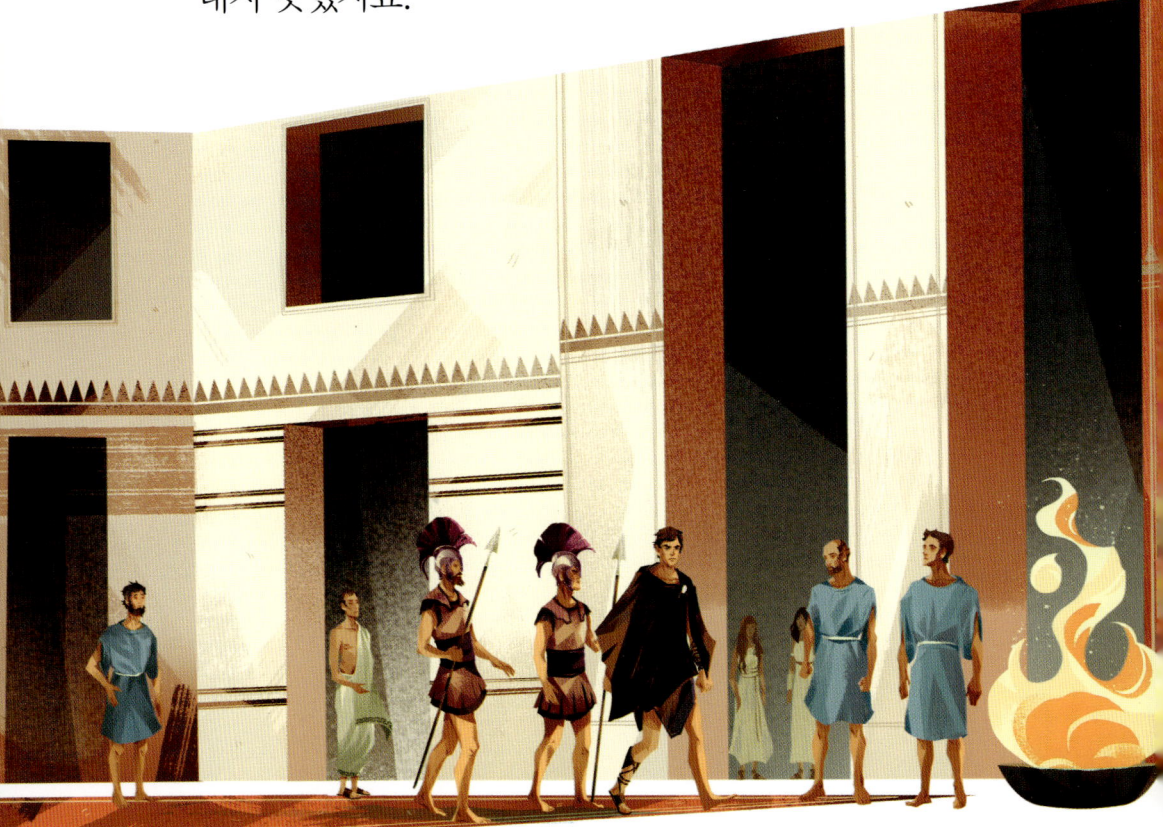

펠리아스는 신의 예언*이 떠올라 두려움에 떨면서 물었어요.

"너는 누구냐?"

*앞으로 다가올 일을 미리 알려주는 것.

이아손이 말했어요.

"삼촌이 죽인 아이손 왕의 아들 이아손입니다. 테살리아는 나의 왕국이고, 내가 진짜 왕입니다."

펠리아스는 이아손에게 왕의 자리를 넘겨줄 생각이 없었어요. 그래서 꾀를 냈지요.

"너는 아직 어려서 왕이 될 자격이 없다. 하지만 황금 양가죽을 가져온다면, 신의 뜻이 그러하다고 여기고 왕의 자리를 넘기겠다."

황금 양가죽은 먼 나라의 정원에 있는 커다란 나무에 걸려 있었어요. 그 나무는 사람을 잡아먹는 용이 지키고 있다는 소문이 퍼져 있었지요.
　이아손이 말했어요.
　"아주 위험한 여행이 되겠네요. 하지만 두고 보세요. 반드시 해낼 테니까요."
　펠리아스는 사악한 미소를 지으며 생각했어요.
　'흥, 멍청하기는. 너는 황금 양가죽을 찾으려다가 결국 죽게 될 것이다.'

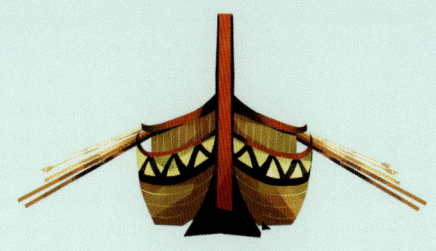

이아손은 황금 양가죽을 찾는 모험을 함께 할 배가 필요했어요. 그래서 배를 잘 만들기로 유명한 아르고스를 찾아가 커다란 배를 만들어 달라고 부탁했지요. 얼마 후, 아르고스는 지금까지 본 적 없는 거대한 배를 완성했어요. 이아손은 배의 이름을 '아르고호'라고 지었어요.

그때, 어딘가에서 헤라의 목소리가 들려왔어요.

"이아손아, 어서 선원들을 모아라. 그리스에서 가장 강하고 용감하며 영리하기까지 한 위대한 영웅들을 모아야 할 것이다."

이아손은 그리스에서 으뜸가는 영웅들을 많이 알고 있었어요. 그 영웅들에게 황금 양가죽을 찾을 수 있도록 도와 달라는 편지를 보냈지요.

이아손의 부름에 50명의 영웅이 몰려들었어요. 영웅들은 보통 사람들은 상상도 못할 능력을 지녔지요. 그중 '헤라클레스'는 커다란 덩치에 항상 사자 가죽을 걸치고 다녔어요. 세상에서 가장 힘이 세고 성격이 불같았지요. '제테스'와 '칼라이스'는 북풍의 신의 아들로, 쌍둥이 형제였어요. 등에 날개가 달려서 높고 빠르게 날 수 있었지요. '오르페우스'는 세상에서 가장 아름다운 리라 연주와 노래 솜씨로 사람과 괴물은 물론 나무와 풀, 꽃과 바위까지 춤추게 했어요. '테세우스'는 아테네의 왕으로 어릴 적부터 괴물들을 끝없이 물리쳐 왔어요. '아탈란테'는 모인 영웅들 중 유일한 여자로 누구보다도 빠르게 달릴 수 있었지요.

영웅들은 모두 이아손과 함께 용감하게 싸우겠다고 맹세했어요. 그러고는 힘차게 아르고호에 올라 '아르고호의 선원들'이 되었지요.

테세우스가 영웅들에게 물었어요.

"여러분, 황금 양가죽이 어디에 있는지 아나요? 소문만 무성하지 어디서 찾을 수 있는지 모르겠네요."

영웅들은 대답하지 못하고 서로 바라보기만 했어요. 그러자 헤라클레스가 나서서 말했어요.

"트라키아의 피네우스 왕을 찾아갑시다. 그는 앞을 볼 수 없지만, 앞으로 일어날 일을 내다볼 줄 알아요. 그가 우리를 도울 수 있을 거요."

"하지만 트라키아로 가는 길에는 팔이 여섯 개나 되는 거인이 지키고 있다고 들었어요. 괜찮을까요?"

이아손이 주저하자 아탈란테가 말했어요.

"우리 같은 영웅들이 아니면 누가 할 수 있겠어요? 어떤 괴물이든 물리칠 수 있을 거예요. 자, 갑시다!"

아르고호 선원들은 오르페우스의 리라 연주에 맞추어 힘차게 노를 저었고 배는 빠르게 나아갔습니다.

얼마쯤 가서 아르고호가 마구 흔들리기 시작했어요. 어느새 팔이 여섯 개나 되는 거인들이 나타나 배를 움켜쥐고 바닷속으로 빠뜨리려고 했어요.

그러자 오르페우스가 아름다운 노래를 불렀어요. 거인들은 움직임을 멈추고 노래에 귀 기울였지요. 그 틈을 타 헤라클레스가 맨몸으로 거인을 막아 내고, 아탈란테는 빠른 달리기 실력으로 혼자 거인을 세 명이나 물리쳤어요. 아르고호는 무사히 거인들로부터 빠져나갔습니다.

마침내 이아손과 아르고호 선원들은 트라키아에 도착했어요. 트라키아에는 아무도 살지 않았고 궁궐에는 피네우스 왕만 혼자 남아 있었어요.

피네우스는 미래를 볼 수 있는 능력을 얻었지만, 이를 못마땅하게 여긴 신들의 왕 제우스가 음식을 먹지 못하는 벌을 내렸다고 했어요. '하르피이아이'라는 괴물 새들이 아침 저녁으로 날아와 모든 음식을 먹어 치우는 바람에 피네우스는 늘 굶주림에 시달렸지요.

이아손과 선원들은 가엾은 피네우스를 도와주기로 했어요. 음식을 가득 차려놓고 바위 뒤에 숨었지요.

　이윽고 하르피이아이들이 날아와 음식을 먹으려고 했어요. 그때, 바위 뒤에 숨어있던 영웅들이 뛰쳐나왔지요. 하르피이아이들이 깜짝 놀라 황급히 날아올랐지만, 제테스와 칼라이스가 더 빨리 날아서 모두 붙잡았어요. 이아손과 헤라클레스, 테세우스가 하르피이아이의 목에 칼을 겨누었어요.
　이아손이 소리쳤어요.
　"나쁜 괴물들! 당장 사라져서 다시는 돌아오지 말아라!"
　하르피이아이들은 황급히 트라키아를 떠났어요.

피네우스는 기쁨에 겨워 덩실덩실 춤을 추고는 이아손과 선원들을 향해 말했어요.

"그대들이 내 목숨을 구했네! 혹시 내가 도울 일이 있다면 말해 보게. 무엇이든 돕겠다고 약속하지."

이아손이 말했어요.

"우리는 황금 양가죽을 찾고 있어요. 어디에 있는지 알려 줄 수 있나요?"

그러자 피네우스의 얼굴이 굳었어요.

"지금 황금 양가죽이라고 했나? 그걸 찾는 건 그만두게. 황금 양가죽을 지키는 거대한 용이 그대들을 살려 두지 않을 테니 말이네."

피네우스의 말을 들은 이아손이 말했어요.

"그만둘 수 없습니다. 황금 양가죽을 찾아야만 테살리아 왕국을 되찾을 수 있어요."

이아손의 간절한 목소리에 피네우스는 한숨을 쉬며 말했어요.

"정 그렇다면 흑해를 끼고 있는 콜키스 왕국으로 가시게. 다만, 가는 길에 있는 '심플레가데스'라는 바위를 조심해야 하네."

이아손이 물었어요.

"위험한 바위인가요?"

피네우스가 말했어요.

"마법의 바위지. 콜키스 왕국으로 가려면 그 바위 사이로 지나가는 수밖에 없네. 하지만 배가 지나가려고 하면 양쪽의 커다란 바위가 움직여 서로 부딪치지. 그럼 배는 산산조각이 나고 누구도 살아남지 못하네."

"그럼 어떻게 지나가나요?"

이아손의 물음에 피네우스가 말했어요.

"바위 사이로 비둘기를 먼저 날려 보내게. 비둘기가 무사히 지나간다면, 노를 저어 바위 사이를 재빨리 빠져나가게. 만약 비둘기가 무사히 지나가지 못한다면 항해를 포기해야 하네. 행운을 빌지."

이아손과 아르고호 선원들은 흑해 쪽으로 배를 몰았어요. 사흘 뒤, 심플레가데스 바위를 발견했어요.

심플레가데스 바위는 금방이라도 아르고호를 부술 것처럼 크고 무서운 소리를 냈어요. 이아손은 바위 사이로 비둘기를 날려 보냈어요. 비둘기가 바위 사이를 거의 다 빠져나갔을 때, 바위가 갑자기 움직이기 시작하더니 이내 큰 소리를 내며 부딪쳤어요. 비둘기는 꼬리 깃털이 조금 뽑혔지만, 무사히 날아갔어요.

이를 지켜보던 이아손이 소리쳤어요.

"우리는 절대로 죽지 않을 겁니다. 용감하게 노를 저어 저 바위 사이를 빠져나갑시다!"

오르페우스는 아름다운 노래를 부르기 시작했어요. 아르고호 선원들은 용기를 얻어 더욱 힘차게 노를 저었지요.

아르고호의 선원들은 50명뿐이었지만, 500명이 노를 젓는 것보다 더 빠르게 나아갔어요. 이윽고 심플레가데스 바위가 움직이기 시작했어요. 엄청난 파도가 아르고호를 마구 흔들었지요.

이아손이 소리쳤어요.

"노를 더 빨리 저읍시다!"

아르고호가 점점 더 빨리 움직였어요. 오르페우스는 계속 노래를 불렀지요. 바위가 부딪치며 뒷장식이 부서졌지만, 아르고호는 멈추지 않고 바람처럼 빠르게 나아갔어요. 그리고 마침내 아르고호는 바위 사이를 무사히 빠져나왔어요.

헤라클레스가 기쁨에 겨워 소리쳤어요.

"와, 우리가 해냈다!"

"모두 큰 소리가 나도록 칼과 방패를 두드려요!"
 선원들이 이아손의 말을 따르자 엄청난 소리가 울려 퍼졌어요. 새들이 소음을 견디지 못하고 괴로워하는 틈을 타 아르고호 선원들은 화살을 쏴서 새들을 물리쳤어요.
 "우리가 또 해냈다!"
 아르고호의 선원들은 다시 부지런히 노를 저었어요.

마침내 이아손과 아르고호 선원들은 콜키스에 도착했어요. 이아손은 콜키스 왕국의 아이에테스 왕을 찾아갔어요.

이아손이 큰 소리로 말했어요.

"우리는 황금 양가죽을 가지러 왔습니다."

아이에테스는 자신의 왕국에 허락 없이 들어와서 다짜고짜 황금 양가죽을 달라는 이아손이 마음에 들지 않았어요.

아이에테스는 고민에 빠졌어요.

'어떻게 하면 저들이 황금 양가죽을 갖지 못하게 할 수 있지? 그래, 속임수를 써야겠군.'

"그냥 줄 수는 없지. 세 가지 시험을 통과하면 황금 양가죽을 주겠다."

아이에테스의 제안을 들은 이아손이 답했어요.

"좋습니다. 세 가지 시험이 뭔지 말씀하세요."

아이에테스가 말했어요.

"첫째, 내 황소들에게 쟁기를 달아라. 둘째, 황소를 몰아 밭을 갈아라. 셋째, 밭에 용의 이빨을 뿌리고 수확해라. 만약 이 일들을 해낸다면, 황금 양가죽을 주지. 하지만 실패한다면 너는 황금 양가죽을 얻지 못하는 것은 물론이고, 죽음을 피할 수 없을 것이다."

이아손이 여유롭게 웃으며 말했어요.

"그다지 어려울 것 같지 않네요. 저에게는 동료들이 있으니까요."

아이에테스가 소리쳤어요.

"동료들의 도움은 받을 수 없다! 혼자만의 힘으로 해내야 한다는 걸 명심해라. 시험은 내일 아침에 시작하도록 하지. 그 전까지는 궁궐에서 쉬어도 좋다."

아이에테스는 이아손과 선원들에게 잔치를 베풀어 주었어요. 왕의 하인들이 불을 피우고 갖가지 맛있는 음식을 끊임없이 내왔지요. 이아손과 선원들은 배불리 먹었고, 오르페우스는 즐겁게 노래를 불렀어요. 그리고 모두가 오랜만에 편안하게 잠을 잤습니다.

  한편, 아이에테스는 '메데이아'라는 딸이 있었어요. 메데이아는 아름다울 뿐만 아니라 큰 힘을 지닌 마법사였어요. 이아손과 아이에테스가 만나는 모습을 메데이아도 멀리서 지켜보고 있었지요.

  헤라는 사랑의 신 에로스를 시켜 메데이아의 가슴에 사랑의 화살을 날렸어요. 그 화살은 화살을 맞은 뒤 가장 먼저 보는 사람과 사랑에 빠지게 했지요.

  화살을 맞은 메데이아는 이아손과 사랑에 빠지고 말았어요. 메데이아는 아이에테스가 제안한 시험에서 이아손이 살아남을 수 없다는 걸 알고 있었어요. 그래도 어떻게 해서든 아버지에게서 사랑하는 이아손을 구하기로 마음먹고는 마침내 마법의 힘으로 이아손을 도울 방법을 찾았어요.

깊은 밤, 메데이아는 이아손을 찾아가 비밀스럽게 속삭였어요.

"당신은 속고 있어요. 아버지가 말한 세 가지 시험은 아무도 할 수 없는 일이에요. 아버지의 황소들은 무시무시한 불을 내뿜을 거예요. 또 용의 이빨을 밭에 뿌리면 땅에서 병사들이 솟아나 당신을 해칠 거고요. 당신은 살아서 돌아갈 수 없을 거예요."

달빛을 받은 메데이아는 눈부시게 아름다웠고 이아손은 그 모습에 반해 버렸어요.

이아손은 생각했어요.

'내가 얼마나 용맹한지 보여 주겠어. 그럼 메데이아도 나를 좋아해 줄 거야.'

이아손은 용감한 표정으로 말했어요.
"나는 그 무엇도 두렵지 않아요."
메데이아가 고개를 저으며 말했어요.
"아니, 두려워해야 할걸요. 하지만 내가 당신을 도와줄게요. 이 마법의 연고를 숨겨 두었다가 내일 아침에 피부에 바르세요. 그러면 불이든 쇠붙이든 하루 동안은 절대 당신을 해치지 못할 거예요."
이아손은 메데이아에게서 마법의 연고를 건네 받고 물었어요.
"정말 고마워요. 그런데 왜 나를 돕는 건가요?"
하지만 메데이아는 대답 없이 떠났어요.

이튿날 아침, 이아손은 마법의 연고를 꼼꼼히 바르고 나갔어요.

아이에테스는 이아손을 보고 음흉한 미소를 지었어요. 그러고는 큰 소리로 말했지요.

"내가 말했던 황소들이다!"

엄청나게 크고 검은 황소 두 마리가 입에서 시뻘건 불을 내뿜고 있었어요. 황소 주위의 나무와 풀은 이미 시꺼먼 재가 되어 있었지요. 게다가 단단한 쇠로 된 뿔은 칼처럼 길고 날카로웠어요.

헤라클레스가 걱정 어린 표정으로 물었어요.

"이아손, 정말 할 수 있겠소?"

이아손은 씩씩하게 대답했어요.
"할 수 있고말고요!"
이아손은 곧바로 황소들을 향해 달려가 뿔을 꽉 움켜잡았어요. 옴짝달싹 못하게 된 황소들은 성이 나서 이아손을 향해 뜨거운 불을 내뿜었지요. 이아손은 거대한 불길에 휩싸였지만, 마법의 연고를 바른 덕분에 아무런 해를 입지 않았어요.
이아손이 황소들에게 명령했어요.
"엎드려!"
그러고는 한꺼번에 두 마리의 황소를 주저앉혔어요.

황소들은 이아손을 두려워하며 얌전해졌어요. 이아손은 손쉽게 황소들에게 멍에를 얹고 쟁기를 연결했지요.

이아손은 사람들 틈에 섞인 메데이아를 알아보았어요. 메데이아는 밝게 미소 지었어요.

아이에테스는 굳은 표정으로 생각했어요.

'아니, 황소들이 뜨거운 불을 내뿜는데 어떻게 죽지 않고 살아 있는 거지?'

이아손은 황소들을 몰고 들판으로 갔어요. 사람들은 구경거리에 신이 나서 함성을 질렀지요.

아이에테스는 이아손을 향해 소리쳤어요.

"꾸물거리지 말고 어서 밭을 갈아라! 시험은 아직 끝나지 않았다."

이아손은 황소들을 몰아 밭을 갈기 시작했어요. 황소들은 이아손이 시키는 대로 고분고분 따랐지요.

아르고호의 선원들도 이 모습을 보고 깜짝 놀라 눈을 떼지 못했어요.

테세우스가 이아손에게 다가와서 물었어요.

"도대체 어떻게 한 거요?"

이아손은 미소를 지으며 말했어요.

"비밀입니다."

헤라클레스는 이아손과 황소를 번갈아 보다가 호기심에 황소를 향해 손을 뻗었어요.

그러자 황소가 헤라클레스를 향해 뜨거운 콧김을 내뿜었어요. 헤라클레스는 화들짝 놀랐어요. 사람들이 그 모습을 보고 배꼽을 잡고 웃었지요.

한편, 이아손은 메데이아가 보이지 않아서 시무룩했어요. 그때 갑자기 메데이아가 쏙 나타났지요.

"메데이아 공주! 나를 지켜봤나요? 어땠어요?"

이아손이 메데이아를 향해 함박웃음을 지으며 물었어요.

메데이아가 속닥였어요.

"쉿! 아버지가 지켜보고 계세요. 그냥 듣기만 해요. 용의 이빨을 뿌린 밭에서 병사들이 솟아나면 병사들 사이로 돌을 던지세요."

"뭐라고요? 그게 무슨 말이에요?"

하지만 메데이아는 이미 사라지고 없었지요.

아이에테스는 이아손에게 용의 이빨이 가득 들어 있는 가죽 가방을 건네면서 말했어요.

"여기까지 용케 잘 해냈군. 이제 밭에 용의 이빨을 뿌리고 한번 잘 수확해 보아라."

이아손은 용의 이빨을 거무스레한 밭에 골고루 뿌렸어요. 용의 하얀 이빨이 별처럼 반짝거렸어요.

이윽고 용의 이빨을 심은 곳에서 식물이 자라듯 병사들이 쑥쑥 솟아올랐어요. 병사들은 모두 긴 칼을 들고 잔뜩 화가 난 듯 으르렁거렸지요.

어느새 수백 명이나 되는 병사들이 밭을 가득 메웠어요. 병사들은 이아손을 향해 칼을 마구 휘두르며 달려들었지요. 하지만 이아손은 메데이아가 준 마법의 연고 덕분에 조금도 다치지 않았어요.

이아손은 메데이아의 조언대로 병사들 사이 사이로 돌을 하나씩 던졌어요.

한 병사가 돌에 맞아 화난 얼굴로 소리쳤어요.

"누가 나한테 돌을 던진 거야?"

이아손이 다른 병사를 가리키며 말했어요.

"저 친구가 던졌어."

그러자 병사 둘이 싸우기 시작했어요. 이아손은 계속해서 돌을 병사들 사이로 던져 싸움을 붙였지요. 곧 모든 병사들이 서로 소리를 지르며 싸웠어요.

병사들의 싸움은 하루 종일 이어졌어요. 모든 병사들이 쓰러져 싸움이 끝났을 때는 어느덧 해가 저물어 가고 있었지요. 넓은 들판에는 이아손 혼자만 당당하게 서 있었어요.

　이아손이 아이에테스에게 말했어요.
"세 가지 시험을 다 끝냈습니다."
아이에테스는 퉁명스럽게 말했어요.
"나도 알고 있다. 내일 아침에 황금 양가죽을 주지. 오늘은 일단 쉬도록 해라."
　아이에테스는 궁궐로 돌아갔어요.

아이에테스는 이아손이 어떻게 세 가지 시험에서 살아남을 수 있었을까 의아했어요. 그리고 메데이아라면 마법의 힘으로 이아손을 도울 수 있었을 것이라고 생각했지요.

'다른 사람도 아닌 내 딸이 나의 계획을 망쳐 버리다니! 절대 용서할 수 없어.'

한편, 메데이아도 생각했어요.

'내가 이아손을 도왔다는 사실을 아버지가 눈치채지 못할 리 없어. 아버지가 나와 이아손, 아르고호의 선원들까지 모두 죽이고 말 거야. 늦기 전에 이아손을 만나야겠어.'

그때 메데이아는 창문 밖으로 수상한 술병을 들고 가는 하인들을 보았어요.

이아손과 아르고호 선원들은 바닷가에서 모닥불을 피우고 잔치를 벌였어요. 아이에테스가 보내 준 음식과 술이 가득했지요.

이아손이 말했어요.

"다들 도와줘서 정말 고마워요. 배불리 먹고 내일 황금 양가죽을 챙겨 테살리아로 돌아갑시다."

이아손이 선원들과 함께 술잔을 가득 채우고 마시려고 할 때였어요. 멀리서 메데이아가 허겁지겁 달려오며 소리쳤어요.

"그 술을 마시지 마세요!"

모두 놀라서 움직임을 멈췄어요.

메데이아가 헐떡이며 말했어요.
"그걸 마시면 당신들은 모두 잠들게 될 거예요. 그때 아버지가 당신들을 죽이러 올 계획이고요."

이아손과 선원들은 잔을 내려놓고 음식을 모두 치워 버렸어요.

이아손이 메데이아의 손을 붙잡으며 말했어요.

"고마워요. 당신이 또 내 목숨을 구했네요. 부디 나도 보답할 수 있게 해 주세요. 내가 도울 수 있는 일이 있나요?"

"난 이곳이 정말 싫어요. 항상 다른 곳으로 떠나고 싶었죠. 나도 당신과 함께 떠나게 해 줄래요?"

메데이아가 나지막이 속삭이자 이아손이 말했어요.

"물론이죠! 우리와 함께 갑시다."

이아손은 메데이아와 함께 갈 수 있다는 사실에 정말 기뻤어요. 하지만 황금 양가죽이 떠올랐지요.

"황금 양가죽은 어떻게 하죠? 나는 테살리아 왕국을 되찾기 위해 그게 꼭 필요해요."

이아손이 묻자 메데이아가 답했어요.

"내게 좋은 생각이 있어요. 그 술병들을 가지고 나를 따라오세요."

메데이아는 이아손의 손을 잡고 이끌었어요. 두 사람은 어두운 길을 지나 고요한 정원으로 들어갔어요.

정원의 커다란 나무 위에서 무언가 태양처럼 눈이 부시게 빛나고 있었어요. 바로 황금 양가죽이었어요.

메데이아가 나무 아래쪽을 가리키며 말했어요.

"저기 황금 양가죽을 지키는 용이 있어요."

무시무시한 용은 노란색 눈을 날카롭게 번뜩이며 이아손을 노려보았어요. 커다란 입을 벌려 두 사람을 위협했지요.

메데이아가 소리쳤어요.

"지금이에요. 어서 용의 입을 향해 병을 던져요!"

이아손이 병을 던지자, 용이 날카롭게 울부짖으며 기다란 이빨로 병을 꽉 씹었어요. 순간 병이 깨지는 소리가 들리더니 용은 그대로 잠들어 버렸어요.

이아손은 용이 잠든 틈에 재빨리 나무에 올라 황금 양가죽을 가지고 내려왔어요. 그리고 메데이아의 손을 꼭 잡은 채 동료들이 기다리는 바닷가로 돌아왔지요.

이튿날, 동이 트자마자 이아손과 아르고호 선원들은 배를 타고 콜키스 왕국을 떠났어요. 물론 메데이아도 함께였지요.

아이에테스가 깼을 때 아르고호는 이미 멀리 떠난 뒤였어요. 아이에테스는 메데이아와 황금 양가죽이 사라진 걸 알고 화가 나서 펄쩍 뛰었어요. 뒤늦게 아르고호를 따라잡기 위해 배를 띄웠지만 결국 이아손과 메데이아를 잡을 수 없었습니다.

마침내 이아손과 아르고호 선원들은 길고 위험했던 항해를 마치고 테살리아로 돌아왔어요.

이아손이 살아오지 못할 줄 알고 안심하고 있던 펠리아스는 화들짝 놀랐어요. 이아손을 피해 재빨리 숨었지만 금세 들키고 말았지요.

이아손이 메데이아의 손을 잡고 말했어요.

"삼촌, 황금 양가죽을 가져왔습니다. 저와 결혼해서 왕비가 되어 줄 여인도 데려왔고요. 이제 저에게 왕의 자리를 넘겨주시죠!"

펠리아스는 이아손이 두려워 멀리 도망쳐 버렸고, 다시는 나타나지 않았습니다.

이아손과 아르고호 선원들은 기뻐하며 일주일 동안 큰 잔치를 벌였어요. 제테스와 칼라이스는 황금 양가죽을 들고 하늘 높이 날아올랐어요. 그러고는 테살리아 왕국의 백성들에게 황금 양가죽을 보여 주었지요. 이를 본 백성들은 이아손을 왕으로 받아들였어요.
　잔치에 모인 사람들은 오르페우스가 연주하는 아름다운 음악에 맞춰 흥겹게 춤을 추었어요.
　이아손과 메데이아는 모두가 모인 자리에서 결혼식을 올리고 비로소 테살리아의 왕과 왕비가 되었어요.

아르고호 선원들은 작별 인사를 나누었어요.

이아손이 말했어요.

"다들 고마웠어요. 덕분에 테살리아 왕국을 되찾고, 아름다운 왕비도 만날 수 있었습니다."

아탈란테가 말했어요.

"멋진 모험이었죠. 언젠가 다시 만납시다."

아르고호 선원들은 저마다 고향으로 돌아갔어요.

이 모든 일은 까마득히 먼 옛날에 일어났어요. 하지만 이아손과 아르고호 선원들의 용감한 이야기는 오늘날까지도 사람들의 입에 오르내리고 있답니다.

원작 그리스 신화와 작품에 대하여

Greek Mythology

수천 년 전 그리스 사람들은 광장에 모여 왕과 여왕, 용감한 영웅에 대한 이야기를 나누었어요. 그 이야기를 모은 것이 바로 그리스 신화예요. 당시에는 책이 없어서 다른 사람에게 들었던 이야기를 또 다른 사람에게 다시 들려주면서 이야기가 전해졌어요. 그래서 그리스 신화는 전해지는 내용이 조금씩 다르답니다. '이아손과 아르고호' 이야기도 그리스 신화의 한 부분으로 다양한 결말이 있어요. 「어스본 세계 명작」에서는 어린이의 눈높이에 맞추어 재구성하였습니다.

이야기에 나오는 콜키스는 흑해 옆에 위치했고, 지금은 그 자리에 '조지아'라는 나라가 세워졌어요. 약 2500년 전, 그 지역에 사는 사람들은 털 달린 양가죽을 강물에 집어넣어 강물에 떠다니는 자그마한 금 조각을 털과 가죽에 붙여 금을 모았어요. 황금 양가죽 이야기는 여기서 시작된 것 같다고 전해지고 있어요.

'이아손과 아르고호' 이야기는 시인과 예술가들에게 영감을 주고 다양한 글뿐 아니라 명화와 조각상 등에도 표현되었어요. 사진은 이아손의 이야기를 무늬로 나타낸 그리스의 꽃병이랍니다.

글쓴이   앤디 프렌티스

영국에서 활동하는 어린이책 작가입니다. 『초등학생이 알아야 할 참 쉬운 시장과 경제』, 『초등학생이 알아야 할 참 쉬운 기후 위기』, 『24시간 서바이벌 남극』 등을 썼습니다.

그린이   나탈리 돔보이스

독일에서 활동하는 일러스트레이터이자 그래픽 디자이너입니다. 도서 삽화, 포스터, 게임 디자인 등 여러 분야에서 그림을 그렸고, 『슈피겔가세 Spiegelgasse』를 비롯한 책에 그림을 그렸습니다.

옮긴이   정회성

일본 도쿄대학교에서 비교문학을 공부하고 인하대학교 영어영문학과에서 번역을 가르치고 있습니다. 『피그맨』으로 2012년 IBBY(국제아동청소년도서협의회) 어너리스트 번역 부문 상을 받았습니다. 옮긴 책으로 『아서왕와 검』, 『작은 아씨들』 등이 있고, 쓴 책으로는 『친구』, 『작은 영웅 이크발 마시』, 『책 읽어 주는 로봇』 등이 있습니다.

그리스 신화
-이아손과 아르고호

◆

한국어판 1판 1쇄 펴냄 2024년 2월 1일
옮김 정회성 편집 김산정, 유채린 디자인 황혜련
펴낸곳 (주)비룡소인터내셔널 전화 02)6207-5007 팩스 02)515-2007
한국어판 저작권 ⓒ 2024 Usborne Publishing Limited

영문 원서 Jason and the Argonauts 1판 1쇄 펴냄 2019년
원작 그리스 신화 글 앤디 프렌티스 그림 나탈리 돔보이스
펴낸곳 Usborne Publishing Limited usborne.com
영문 원서 저작권 ⓒ 2019 Usborne Publishing Limited

이 책의 영문 원서 저작권과 한국어판 저작권은
Usborne Publishing Limited에 있습니다.
저작권법에 의하여 한국 내에서 보호를 받는 저작물이므로
무단전재와 복제를 금합니다.
어스본 이름과 풍선 로고는 Usborne Publishing Limited의
트레이드 마크입니다.

Page 50: Greek vase showing Jason conquering the Golden Fleece
with Medea's help ⓒ Photo Scala, Florence